Pingüinos

Julie Murray

Abdo
¡ME GUSTAN LOS ANIMALES!
Kids

abdopublishing.com

Published by Abdo Kids, a division of ABDO, PO Box 398166, Minneapolis, Minnesota 55439.

Printed in the United States of America, North Mankato, Minnesota.

052017

092017

Spanish Translator: Maria Puchol

Photo Credits: iStock, Shutterstock

Production Contributors: Teddy Borth, Jennie Forsberg, Grace Hansen

Design Contributors: Christina Doffing, Candice Keimig, Dorothy Toth

Publisher's Cataloging-in-Publication Data

Names: Murray, Julie, author.

Title: Pingüinos / by Julie Murray.

Other titles: Penguins. Spanish

Description: Minneapolis, MN : Abdo Kids, 2018. | Series: ¡Me gustan los animales! | Includes bibliographical references and index.

Identifiers: LCCN 2016963072 | ISBN 9781532101830 (lib. bdg.) | ISBN 9781532102639 (ebook)

Subjects: LCSH: Penguins--Juvenile literature. | Spanish language materials--Juvenile literature.

Classification: DDC 598.47--dc23

LC record available at http://lccn.loc.gov/2016963072

Contenido

Los pingüinos

Los pingüinos son aves pero no pueden volar.

Los pingüinos tienen plumas. Sus plumas son blancas y negras.

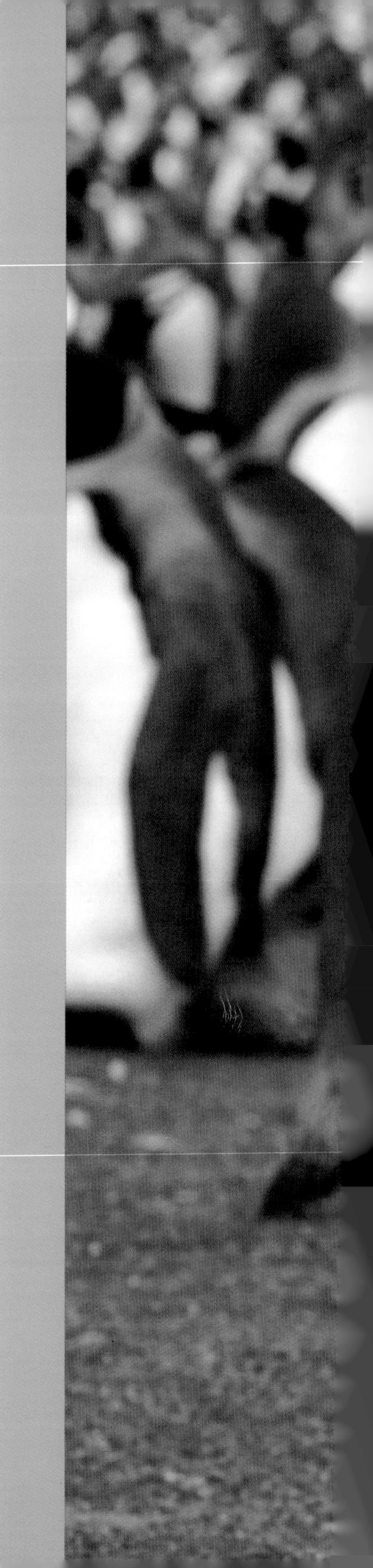

Los pingüinos tienen **caminar de pato**. Sus patas son cortas.

Los pingüinos tienen los pies **palmeados**. También tienen **aletas**.

¡Los pingüinos pueden nadar muy rápido!

Su pico afilado les sirve
para cazar su alimento.

Los pingüinos comen

peces pequeños y krill.

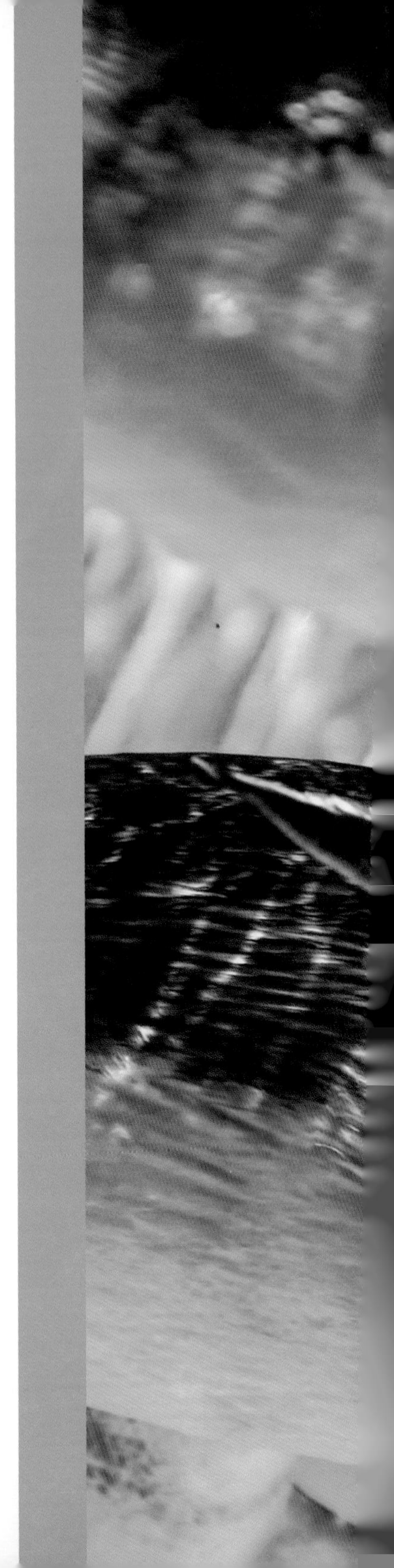

Viven en grupos grandes. Permanecen cerca unos de otros para mantenerse calientes.

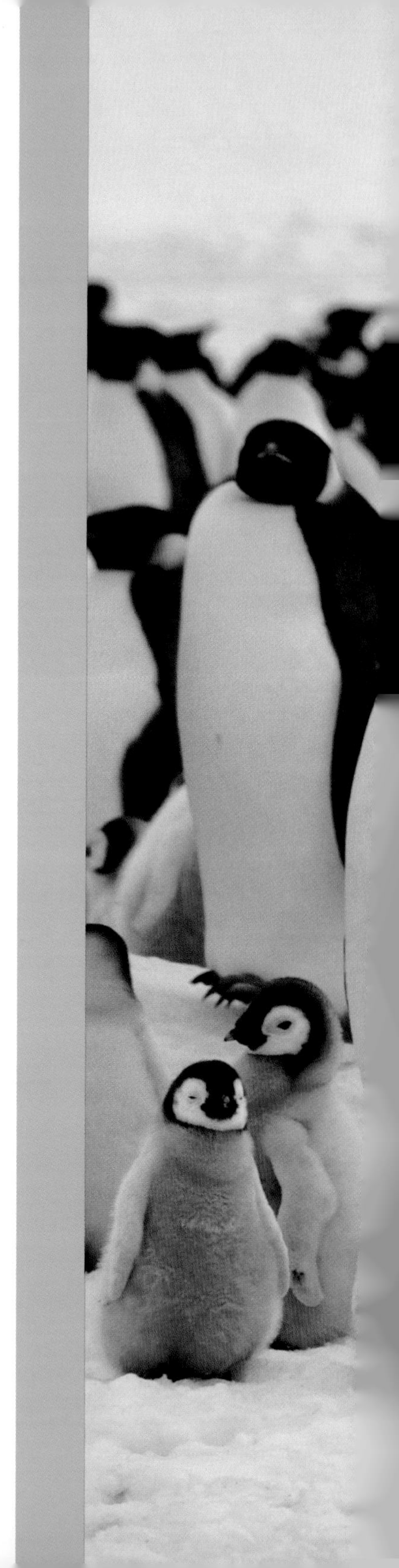

¿Has visto un pingüino alguna vez?

Algunas especies de pingüinos

pingüino adelaida

pingüino de
penacho anaranjado

pingüino emperador

pingüino rey

Glosario

aleta
extremidad ancha y plana que sirve para nadar.

caminar de pato
andar con pasitos cortos, moviéndose de lado a lado.

palmeado
que los dedos de los pies estén unidos con piel.

Índice

abdokids.com

¡Usa este código para entrar en abdokids.com y tener acceso a juegos, arte, videos y mucho más!